순우리말 동시와 동화로 배우는
우리 민속놀이

교과 연계 추천 도서
사회 | 3학년 2학기 3단원 다양한 삶의 모습들
　　　 4학년 1학기 2단원 우리가 알아보는 지역의 역사
　　　 5학년 1학기 4단원 우리 사회의 과제와 문화의 발전
도덕 | 3학년 1학기 1단원 나와 너, 우리 함께
　　　 4학년 2학기 4단원 힘과 마음을 모아서
　　　 5학년 2학기 7단원 모두 함께 지켜요
　　　 6학년 2학기 6단원 공정한 생활

진짜진짜 공부돼요 17

순우리말 동시와 동화로 배우는
우리 민속놀이

2019년 9월 23일 초판 1쇄
2021년 5월 14일 초판 2쇄

동시 김이삭　동화 최봄　그림 윤진희
펴낸이 김숙분　디자인 김은혜·김바라　영업·마케팅 이동호
펴낸 곳 (주)도서출판 가문비　출판등록 제 300-2005-60호
주소 (06732) 서울 서초구 서운로 19, 1711호(서초동, 서초월드오피스텔)
전화 02)587-4244/5　팩스 02)587-4246　이메일 gamoonbee21@naver.com
홈페이지 www.gamoonbee.com　블로그 blog.naver.com/gamoonbee21/
제조국 대한민국　사용 연령 8세 이상
주의사항 종이에 베이거나 긁히지 않게 조심하세요.
ISBN 978-89-6902-226-4　73810

ⓒ 2019 김이삭, 최봄

- 책값은 뒤표지에 있습니다.
- 잘못된 책은 구입하신 곳에서 바꾸어 드립니다.
- 이 책의 내용과 그림은 저자와 출판사의 허락 없이 사용할 수 없습니다.

이 도서의 국립중앙도서관 출판예정도서목록(CIP)은 서지정보유통지원시스템 홈페이지(http://seoji.nl.go.kr)와
국가자료공동목록시스템(http://www.nl.go.kr/kolisnet)에서 이용하실 수 있습니다.
(CIP제어번호 : CIP2019035219)

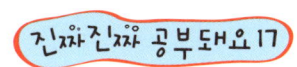

순우리말 동시와 동화로 배우는
우리 민속놀이

동시 김이삭 동화 최봄 그림 윤진희

차례

연날리기 • 8

색동가오리연 • 10

싸움대장 기다려라! • 13

이기고 싶어요 • 14

팽이치기 • 18

미리 받은 크리스마스 선물 • 19

탈춤 • 23

탈춤을 추자 • 25

강강술래가림새 작전 • 29

강강술래 • 31

감사해요! 풍물패아저씨들 • 34

할머니의 소원 • 35

은유의 소원 • 39

신나는 윷놀이 • 40

라온제나 공기놀이 ● 44

공기따먹기 선수는 누굴까? ● 45

차전놀이 ● 52

영원한 대장 ● 54

남편을 살린 널뛰기 ● 58

널뛰기 ● 59

썰매타기 ● 64

흰 눈 사이로 썰매를 타고 ● 65

친구가 필요한 비석치기 ● 70

친구야 노올자 ● 72

쥐불놀이 ● 77

재희와 생쥐 ● 79

투호놀이 ● 84

엄마의 세가지 소원 ● 86

머리말

몇 년 전부터 사람들은 우리 민속놀이나 우리 떡 등 우리 것에 대해 관심을 가지기 시작했어요.

한때 "우리 것은 좋은 것이여!" 라는 말이 유행하기도 했지요.

우리의 전통문화에 대해 배우고 익히는 것은 너무나 당연한 일이에요. 우리의 전통문화 속에는 선조들의 정신이 담겨 있기 때문이지요. 그 정신을 배우고 익혀 발전시키는 일은 우리의 책임과 의무이며 또한 권리이기도 하고요.

또한 전통문화를 통해 우리의 정체성을 깨닫는다면 좀 더 나은 미래를 향해 달려갈 수도 있을 거예요.

이 책에는 명절이나 특별한 날에 했던 놀이와 평범한 날에 했던 놀이가 함께 들어 있어요. 혼자 놀 수도 있지만, 우리 조상들은 놀이를 하기 위해 친구와 가족 혹은 마을 공동체 사람들과 함께 했어요. 다 함께 모여 즐겁고 기쁜 시간을 보냈지요.

어린이 친구들! 두 선생님이 들려주는 순우리말 동시와 동화로 배우는 민속놀이를 읽고 여러분도 친구와 진짜 재미있게 놀았으면 좋겠어요.

눈으로 읽고 머리로 생각만 하지 말고 몸을 움직여 한바탕 신나게 놀았으면 합니다. 노는 방법은 책에 나와 있답니다. 그래도 모르겠으면 웃어른들한테 물어보고요.

우리 민속놀이를 직접 해보면 분명 더없이 즐겁고 행복할 거예요. 친구들과 도란도란 속삭이며 함께 놀다 보면 새로운 기운이 솟아날 거예요. 친구와 놀면서 소중한 우리 전통문화의 맥도 이을 수 있으니 일석이조인 셈이지요. 또한 우리 선조들의 정신까지 배울 수 있으니 일석삼조랍니다.

민속놀이는 마음만 먹으면 언제든, 어느 곳에서든 할 수 있다는 사실을 기억했으면 합니다.

2019. 가을

김이삭 · 최봄

연날리기

설날 아침
색동저고리 입고
송이랑 아빠가
연을 날립니다

색동저고리 입은
가오리연 그린나래
너울너울
하늘 바다 속으로 헤엄쳐 갑니다

● **순우리말 공부**

　그린나래=그린 듯이 아름다운 날개.

색동가오리연

"낼모레면 설날인데 송이 넌 무슨 선물 받고 싶니?
아빠가 송이에게 물었어요.
"율이처럼 뛰어다닐 수 있으면 좋겠어."
송이는 다리가 불편해요. 그래서 마음껏 놀아본 적이 없어요.
"율이가 부러웠구나……."
아빠가 송이 머리를 가만가만 쓰다듬었어요.
"칫, 난 누나가 부러운데……."
율이가 투덜거렸어요.
"내가 왜 부럽다는 거야?"
"누나, 진짜 몰라?"
"……."
"뭐든 누나가 먼저고 난 그다음이잖아."
율이 눈에 눈물이 어렸어요.
송이네는 형편이 넉넉하지 않거든요.
송이는 율이에게 미안한 마음이 들었어요.
"율아, 설 선물 뭐 받고 싶은데?"

"색동가오리연."

"색동가오리연? 게임기가 아니고?"

아빠가 율이에게 몇 번이나 물었어요.

"응. 아빠랑 뒷산에서 색동가오리연 날리고 싶어."

아빠는 인터넷에서 색동가오리연을 주문해서 조립했어요.

드디어 기다리던 설날 아침이 밝았어요. 차례를 지낸 뒤 송이네 가족은 뒷산으로 갔어요.

"아빠, 엄마, 빨리요. 빨리 가요!"

율이는 색동가오리연을 들고 산길로 내달렸어요.

송이는 색동 한복을 입고 조심조심 걸었어요.

사촌 언니가 입던 색동저고리와 치마를 이모가 보내왔거든요.

"높이높이 날아라~,

멀리멀리 날아라~."

색동옷을 입은 가오리연이 너울너울 하늘 바닷속으로 헤엄쳐 갔어요.

그 모습을 본 송이도 두 팔을 벌려 가오리연 흉내를 냈어요.

"와! 색동가오리연이 여기 또 있었네."

엄마 말에 아빠가 송이를 번쩍 안아 들고 빙그르르 돌았어요.

이 놀이는요

연날리기는 아주 오래전부터 남녀노소 할 것 없이 우리 조상들이 즐기던 놀이예요. 특히 매년 정월 대보름날엔 동네마다 연날리기하는 사람들로 북적거렸어요. 이 날이 되면 사람들은 연에 '송액영복(送厄迎福)'이라는 글씨를 써 붙이고 그것을 하늘에 날려 보냈지요. 나쁜 액운은 멀리 사라지고 복이 들어오길 비는 간절한 마음이 깃들어 있어요.

놀이 종류

높이 띄우기, 재주 부리기, 끊어먹기

싸움대장 기다려라!

구불구불 미끄럼틀 속으로
들어가 울었어

잘난 척하던 성욱이 목소리
귀속으로 파고들어

'나는 왜 잘하는 게 없을까?'
한참을 울다 멈짓체
소리 나는 쪽을 보았어

씨름부 형들이 보였어
갑자기 용기가 뭉게구름처럼
샘솟았어

● 순우리말 공부

　멈짓체=잠깐 멈추는 체.
　또는, 짐짓 멈추는 듯함.

이기고 싶어요

점심시간이었어요.
급식 판에 음식을 받아 자리로 가던 준혁이는 장난을 치던 성욱이와 부딪쳤어요.
준혁이가 성욱이를 노려봤어요.
성욱이는 싸움 대장이라 언제 어디서나 당당해요.
"노려보면 어쩔 건데?"
성욱이 목소리가 자가용 경적소리처럼 들렸어요.
'미안하다고 안 해?'
성욱이에게 따지고 싶었지만 준혁이는 꾹 참았어요.
싸움 대장인 성욱이를 이길 자신이 없으니까요.
'나는 왜 잘하는 게 없을까?'
준혁이는 점심시간이 끝났는데도 교실에 가지 않았어요.
아무도 찾지 못하게 구불구불한 미끄럼틀 속에 숨었어요.
잘못하고도 아무 말 않는 성욱이가 보기 싫었거든요.
뭐든 한 가지라도 성욱이를 이기고 싶은 마음이 눈덩이처럼 커졌어요.

"씨름은 샅바 싸움이야!"
어디선가 우렁우렁한 목소리가 들려왔어요.
"상대방의 샅바를 잘 잡아야 이길 수 있어!"

소리 나는 곳은 씨름부 형들이 모여 있는 모래사장이었어요.

준혁이는 미끄럼틀을 빠져나와 소리 나는 곳으로 갔어요.

씨름부 형들은 모래사장에 무릎을 꿇고 마주 앉아 땀을 뻘뻘 흘렸어요.

그때 준혁이 머리에 번쩍하고 좋은 생각이 떠올랐어요.

"선생님, 저도 씨름을 배우고 싶습니다."

"하하, 몇 학년인데?"

"2학년입니다."

준혁이는 용기를 내어 큰 소리로 대답했어요.

"씨름은 왜 배우려고?"

"저……."

준혁이는 하늘을 쳐다봤어요. 성욱이 얼굴이 뭉게구름처럼 떠다녔어요.

"한 가지라도 잘하는 게 있었으면 해서요."

"음, 좋아."

씨름부 선생님이 준혁이에게 고개를 끄덕였어요.

"오~예, 고맙습니다!"

씨름 대표 선수에 뽑힌 듯 준혁이 목소리가 하늘을 찌릅니다.

이 놀이는요

씨름은 농사를 짓던 우리 민족이 오래전부터 제례 행사의 여흥으로 즐겼던 놀이예요. 특히 음력 5월 5일 단오절이 되면 마을마다 모래사장이나 잔디밭에 수많은 사람들이 모여 힘겨루기 놀이를 보며 즐거워했지요. 지금까지도 사랑받는 놀이예요.

놀이 종류

띠씨름, 허리씨름, 통씨름이 있고요. 씨름 기술을 크게 메치기와 되치기로 나누어요. 메치기란 상대방을 공격할 때 쓰는 기술로, 여기에는 다시 허리 기술, 다리 기술, 손 기술 등이 있어요. 허리 기술은 상대방을 자기 앞으로 끌어당겨서 부리는 여러 가지 기술을 말해요.

팽이치기

"이번 겨울 방학 숙제는
팽이 만들기입니다."

선생님 이야기 끝나자마자
헤벌심 웃으며

솔이 찬이 한결이는
삼촌 작업실로 달렸어

"우리 색칠 끝내고
팽이싸움하자!"

● 순우리말 공부
　헤벌심=입 따위가 헤벌어져 벌쭉한 모양.

미리 받은 크리스마스 선물

학교 친구들은 솔이, 찬이, 한결이를 삼총사라 불러요.

삼총사는 언제 어디서나 껌 딱지처럼 붙어 다니지요.

산꼭대기 아파트에 사는 삼총사는 학교가 멀어 같이 다니기로 했어요.

학원차를 타고 다니면 편하기는 했지만, 뭔가 심심하고 재미가 없었거든요.

"위험해서 안 돼!"

엄마들은 모두 안 된다고 손사래를 쳤지요.

"조심할게요."

아이들은 새끼손가락을 걸고 약속했어요.

집에서 학교까지 가려면 공포의 언덕길을 넘거나, 아니면 숲길을 지나야 했어요.

삼총사는 공포의 언덕길보다 주로 숲길을 지나다녔어요. 포르르 떼 지어 다니는 참새도 만나고, 나무를 옮겨 다니는 청설모도 만났어요. 그중 모모 삼촌을 만난 게 제일 좋았어요. 모모 삼촌은 삼총사와 친구가 되어 주었거든요.

모모 삼촌은 나무에 글씨와 그림을 새기는 목각 공예가예요. 나무로 만드는 건 무엇이든 잘해요.

"이번 겨울 방학 숙제는 팽이 만들기입니다."
선생님 말씀이 끝나자마자 삼총사는 모모 삼촌 작업실로 달렸어요.
"모모 삼촌!"
삼총사는 숨을 헐떡이며 모모 삼촌을 불렀어요.
"그러다 숨넘어가겠다."
모모 삼촌은 직접 만든 나무 컵에 오렌지 주스를 부어 주었지요.
"삼촌, 크리스마스 선물로 팽이 세 개 미리 만들어 주시면 안 돼요?"
"하하, 이 녀석들!"
모모 삼촌은 삼총사를 보고 너털웃음을 터뜨린 뒤, 나무를 깎아 말 팽이 세 개를 만들었어요.
"난 무지개 팽이!"
"난 독수리 팽이!"
"난 별 팽이!"
삼총사가 팽이싸움을 해요.

"돌아라, 돌아라, 내 팽이야."
"멈추지 말고 돌아라."
삼총사가 팽이채로 힘껏 자신의 팽이를 때립니다.

● 이 놀이는요

팽이치기는 얼음판 위에서 해야 제 맛이 나는 겨울철 놀이예요. 팽이가 멈추지 않도록 팽이채로 측면을 계속 치다 보면 어느덧 한나절이 지나고 하루해가 꼴깍 넘어가곤 해요. 팽이치기는 재미있을 뿐 아니라 신체 단련에도 상당한 도움이 돼요.

● 놀이 종류

줄팽이: 팽이의 아랫부분에 줄을 감은 채 땅에 던져서 사용해요.

엽전팽이: 엽전의 동그란 홈에 수수깡을 끼운 다음 성냥개비를 꽂아 만들어요.

도토리팽이: 도토리에 이쑤시개나 성냥개비를 끼워 사용해요.

탈춤

친구랑
싸워 기분이 홀림길일 때
탈탈탈
탈춤을 추자

엄마 아빠에게
혼이 났을 때
울지 말고
탈탈탈
탈춤을 추자

탈탈탈
털털털
근심을 날리자

● **순우리말 공부**

홀림길=어지럽게 갈래가 져서 섞갈리기 쉬운 길.

탈춤을 추자

민규는 아침에 눈뜨는 일이 제일 힘듭니다.
솜털처럼 가볍게 일어나고 싶지만 마음뿐입니다.
"엄마, 눈이 떠지지가 않아!"
아무리 애를 써도 민규 눈은 찰떡처럼 딱 붙어 떨어지지 않는걸요.
"학교에 가기 싫은 게 아니라니까."
"아이고, 말이나 못 하면……."
엄마가 민규를 노려보며 길게 한숨을 쉽니다.
"너 또 늦었구나!"
문방구 아줌마가 민규를 보고 혀를 끌끌 찹니다.
"민규야, 어서 뛰어. 또 지각하겠다."
분식집하는 엄마 친구, 은희 아줌마가 달려 나와 민규 등을 밉니다.
"내 얼굴 못 알아보게 탈이라도 써야겠어!"
민규는 얼마 전, 작은 도서관에서 만든 양반탈이 생각났습니다.
교실에 도착하니 아직 수업은 시작하지 않았습니다.
"준비물 챙겨 왔어?"
짝꿍 재경이가 묻습니다.

"깜박 잊었어."

"그럴 줄 알았어!"

"같이 쓰면 안 될까?"

재경이는 못 들은 척합니다.

"쳇, 넌 욕심쟁이야."

"넌 잠꾸러기에 깜빡이야!"

재경이도 지지 않고 말합니다.

"은희 아줌마한테 돈 빌려서 준비물 사야겠다."

민규는 쉬는 시간에 은희 아줌마네 분식집으로 달려갔어요.

"안 돼! 엄마가 네 버릇 고쳐야 한다고 절대 준비물 값 빌려주지 말랬어."

민규는 하루 종일 혼만 난 채 집으로 돌아왔어요.

집으로 와서 우울한 기분으로 양반탈을 꺼내 썼어요.

거울 속에 양반탈이 환하게 웃고 있었어요.

민규는 우울한 기분을 탈탈탈 털어 버리고 싶었어요.

민규는 덩실덩실 춤을 추기 시작했어요.

한참 동안 춤을 추니 기분이 좋아졌어요.

'내일부터는 혼나는 일 없게 준비물도 미리 챙기고, 일찍 자고 일찍 일어나야지.'

민규는 마음을 단단히 먹은 뒤 거울 앞에서 탈탈탈 신나게 춤을 추었어요.

이 놀이는요

탈춤이란 탈을 쓰고 하는 연극의 일종이에요. '탈'이라는 말에는 '탈 났다, 배탈 났다'처럼 액이 끼었다는 의미가 있는데, 바로 그 액을 쫓기 위해 도깨비 모양의 '탈'을 쓰고 탈놀이를 했어요.

탈의 종류

하회탈은 원래 현존하는 9종 (각시, 양반, 부네, 중, 초랭이, 선비, 이매, 백정, 할미)외에 떡달이, 별채, 총각의 3종이 더 있고요. 봉산탈은 주로 종이와 바가지에, 헝겊, 털, 가죽, 흙, 대나무 등의 재료를 함께 사용해요. 은율탈, 산대놀이탈, 송파산대놀이탈, 양주별산대놀이탈, 고성오광대탈, 동래야류탈, 수영야류탈, 남사당 덧뵈기탈, 북청사자놀이탈, 영해별신굿탈, 예천청단음탈, 처용무가면, 방사시가면 등이 있어요.

강강술래 가림새 작전

"우리 군사 수를 많이 보이게 할
방법 없을까?"

마을 거닐던 이순신 장군,
노랫소리에 귀가 활짝
열렸지

하늘에는 별 총총
꽃밭에는 꽃 총총
강강술래~

모두에게 남자 옷 입히고
모자 씌워
빙글빙글 돌게 했지

● 순우리말 공부

가림새=숨기거나 감추는 것.

강강술래

"큰일이구나! 장부(씩씩한 남자)들이 모두 죽었으니……."

이순신 장군은 잠을 이룰 수가 없었어요.

"이 사실을 왜놈들이 알면 안 되지, 암 안 되고말고!"

마을에 장부들이 한 명도 없다는 걸 알면 왜놈들은 당장이라도 물밀 듯이 쳐들어올 게 뻔했어요.

이순신 장군은 마을을 몇 번이고 돌았어요.

바닷가 마을에는 부녀자들과 아이들뿐이었지요.

그들은 전쟁터에서 아버지와 남편을 잃고 힘없이 살아가고 있었어요.

이순신 장군은 마을을 환하게 비추는 달님을 바라보았어요.

며칠 있으면 한가위라 달님은 둥글둥글 둥글어가고 있었지요.

"우리 군사의 수가 더 많게 보이게 할 방법이 없을까?"

이순신 장군은 골똘히 생각했어요.

한가위에 이순신 장군이 마을을 거닐고 있었어요.

"하늘에는 별이 총총

강강술~래.

꽃밭에는 꽃이 총총

강강술~래."

어디선가 아이들 노랫소리가 들렸어요.

이순신 장군은 소리가 나는 곳으로 갔어요.

아이들이 손에 손을 잡고 빙글빙글 돌며 춤을 추고 있었어요.

"그래, 바로 저거야!"

이순신 장군은 오랜만에 활짝 웃었어요.

왜놈들로부터 이 마을을 구할 방법이 떠올랐거든요.

"마을 부녀자들에게 남자 옷을 입히고 모자를 씌우게. 그런 다음 손에 손을 잡고 빙글빙글 돌도록 하게. 그러면 멀리 있는 적들은 우리 군사들이 아주 많은 줄 알 거야."

이순신 장군의 말에 모두 고개를 끄덕였어요.

그 마을은 이순신 장군의 지혜 덕분에 무사했어요.

왜놈들이 모두 줄행랑을 쳤으니까요.

이 놀이는요

강강술래는 팔월 한가위 때 부녀자들이 둥그렇게 원을 그리면서 춤을 추며 노래를 부르는 놀이예요. 강강술래를 할 때는 옆사람과 손을 맞잡고 앞사람과는 서로 마주 보아야 해요. 그렇게 손을 맞잡은 채 서로의 눈을 보고 발을 맞추면서 호흡을 일치시켜요.

놀이 방법

먼저 한 조는 10~12명의 인원으로 구성합니다. 이들이 원을 이루어 빙빙 돌면서 노랫소리에 맞춰 춤을 추는 것입니다. 원무를 할 때는 보통 시계 반대 방향으로 돌며 고개는 똑바로 앞을 봅니다. 노래는 목청이 좋은 사람이 앞소리를 하고 나머지 사람들이 후렴의 뒷소리를 합니다. 아무 민요나 빌려 와서 부르면 돼요. 후렴구는 '강강술래'로 통일해야 해요.

감사해요! 풍물패 아저씨들

"우리 집에 풍물패 다녀가면
내 병도 낫겠구나!"

할머니 얘기 듣고
새밭을 후다닥 뛰었다
……
할머니 소원이 이루어졌다

● 순우리말 공부

새밭=억새가 무성한 밭

할머니의 소원

"꽤괭꽹꽹~."

풍물패들이 억새밭을 지나 석이가 사는 마을에 들어섰어요.

석이는 아침 일찍부터 풍물패들이 나타나기를 기다리고 있었지요.

징, 꽹과리, 장구, 북소리에 마을이 들썩이기 시작했어요.

"소용없다니까."

동생 석이 모습을 지켜본 순이가 중얼거렸어요.

"아니야. 아저씨들이 내 부탁을 들어줄지도 몰라!"

석이는 간절한 마음으로 말했어요.

"돈이나 쌀을 많이 낼 부잣집만 돌며 한바탕 놀고 갈 게 뻔해……."

순이 눈에 눈물이 그렁그렁했어요.

"아버지가 살아 계실 땐 우리 집에서도 신명 나게 판을 벌이곤 했었는데……."

석이와 순이는 아지랑이처럼 가물거리는 기억을 떠올렸어요.

일제에 강제로 나라를 빼앗긴 뒤 분을 참지 못하던 아버지가 갑자기 하늘나라로 떠난 일.

아버지가 돌아가시자 빚을 갚으라고 몰려와서 윽박지르던 사람들.

석이 할머니는 갑작스러운 아버지의 죽음에 시름시름 앓고 있지요.

할머니마저 돌아가시면 남매만 세상에 덩그러니 남게 되지요. 석이 엄마는 어릴 때 하늘나라로 떠났답니다.

"우리 집에 풍물패들이 한번 다녀가면 얼마나 좋겠냐. 내 병도 씻은 듯이 나을 것 같다만…….."

설이 다가오기 며칠 전부터 할머니가 풍물패 이야기를 했습니다.

할머니는 정초에 풍물패들이 큰 소리로 집안을 울려야 일 년 동안 편안하게 지내게 된다고 했습니다.

"꽤괭꽹꽹~."

풍물패들이 석이네 마을에서 제일 부자인 주형이네 집에서 한바탕 신명 나게 놀고 큰길에 나올 때였습니다.

"잠깐만요!"

석이가 꽹과리 치는 아저씨 손을 잡고 큰 소리로 외쳤습니다.

"아저씨, 우리 할머니께서 매우 아파요. 근데 풍물놀이 소리 들으면 병이 나을 것 같대요. 근데 우리 집은 가난해서 아무것도 드릴 게 없어요."

"허허, 그 녀석 기특하구나!"

"꽤괭꽹꽹~."

석이네 집에 한바탕 흥겨운 소리가 울립니다.
　오랜만에 한복을 곱게 차려입은 할머니가 남실남실 어깨춤을 춥니다.

● 이 놀이는요

농악은 농민들이 주로 김매기나 모심기 같은 힘든 일을 할 때 피로를 덜고 흥겹게 일의 능률을 올리기 위해서 하던 음악이에요. 농민들이 주로 즐기는 음악이라고 해서 농악이라고 부르며, 때론 '풍물'이나 '두레'로 불리기도 해요.

● 놀이 방법

넓은 뜰에 모여 꽹과리, 장구, 징 등과 같은 타악기를 두드리고 태평소를 불며 한바탕 춤을 춰요.

은유의 소원

윷판은 하늘과 땅
들어 있는 우주
윷가락 끗수는
짐승의 몸 크기
걸음걸이 속도

아빠 얘기에
할아버지와 한 팀 된 은유
힘차게 윷가락 간조롱이 던진다

● **순우리말 공부**
　간조롱이=가지런히

신나는 윷놀이

은유가 어제 달님께 무슨 소원을 빌었냐고요?

은유의 소원은요, 윷놀이에서 은유 팀이 이기는 거예요.

해마다 한가위 때면 친척들이 모여 윷판을 벌이거든요.

그런데 이상하게 은유가 들어간 팀은 한 번도 1등을 한 적이 없어요.

그래서 은유는 달님에게 올 한가위 윷놀이에서 자신이 속한 팀이 1등 하기를 간절하게 빌었어요.

"아비야, 점심도 먹었으니 슬슬 윷판 한번 벌여 볼까?"

할아버지께서 아빠를 보고 말했어요.

"좋아요, 좋아!"

윷판을 벌이자는 할아버지 말에 은유가 제일 먼저 달려갔어요.

은유는 베란다 창고에서 윷과 윷판을 꺼내왔어요.

"할아버지 윷놀이 유래 좀 알려주세요."

오빠가 말했어요.

"오빠, 그런 건 인터넷 찾아보는 게 빠를 텐데."

은유는 윷놀이가 하고 싶어 몸이 근질거렸지요.

"하하."
은유 머리를 쓰다듬으며 할아버지께서 너털웃음을 지었지요.
"윷놀이는 신라시대부터 민가에서 많이 하던 우리 고유의 민속놀이란다. 중국의 저포놀이나 몽고의 살한놀이, 부여의 관직명인 마가나 우가 같은 관재를 본뜬 놀이라는 설이 있지. 하지만 엎어지고 잦혀진 것을 도, 개, 걸, 윷, 모라 한 것을 보면 우리 농경생활과 밀접한 관계가 있는 돼지, 개, 양, 소, 말의 이름에서 유래됐다는 게 일반적인 견해지."
할아버지가 윷놀이의 유래에 대해 이야기했어요.
"윷가락의 끗수는 이들 짐승의 몸 크기와 걸음걸이 속도로 이뤄졌다는구나. 윷판은 하늘과 땅이 들어 있는 작은 우주래."
이번엔 아빠가 말했지요.
"네 명씩, 팀부터 나누자."
할아버지 말에 은유는 가슴이 두근거렸어요.
은유는 할아버지와 한 팀이 되었어요.
"오우~예에!"
은유는 기뻐서 소리쳤지요.
그동안 할아버지와 함께한 팀은 언제나 1등을 차지했으니까요.
은유가 힘껏 윷가락을 던졌어요.

"모다, 모!"
신바람이 난 은유가 한 번 더 힘차게 윷가락을 던지네요.

● **이 놀이는요**

윷놀이는 남녀노소 누구나 함께 즐길 수 있는 민속놀이예요. 도, 개, 걸, 윷, 모, 윷을 던진 사람의 끗수에 따라 환호성을 지르는 팀이 있는가 하면 땅을 치며 아쉬워하는 팀도 있어요. 주로 음력 설날에 식구들이 모여 즐겨요.

● **놀이 방법**

먼저 인원수에 맞게 편을 나누어요. 그리고 윷이 튀어나가지 않도록 깔판을 준비하고, 말이 옮겨 다니는 말판도 필요해요. 한 편씩 교대로 윷을 던지는데, 네 개를 나란히 세워 잡고 사람의 앉은키보다 약간 높게 던져요. 이때, 던진 윷가락이 판의 바깥으로 나가면 무효가 돼요. 말을 옮길 때에는 끗수에 맞게 옮깁니다. 즉 도는 한 칸, 개는 두 칸, 걸은 세 칸, 윷은 네 칸, 모는 다섯 칸 옮겨요. 상대방의 말을 잡으면 한 번 더 윷을 던질 수 있어요.

라온제나 공기놀이

뭐 하니?
오빠랑 공기놀이하려는데
할머니가 다가왔어

예뻐서 갖고 놀기 딱이네!
할머니가 공기알을 살폈어

할머니 같이해요.
오빠가 시범을 보였지

이렇게?
할머니가 공기알을 하늘 높이 올려 모두 잡아채었지

● **순우리말 공부**
  라온제나=즐거운

공기 따먹기 선수는 누굴까?

여름휴가를 받은 아빠와 엄마가 할머니 댁에 가기 위해 짐을 싸요.
"할머니 댁 말고 다른 데 좀 놀러 가면 안 돼요?"
"응, 안 돼."
아빠는 1초도 망설이지 않고 대답했어요.
"너무해요. 올해 또 할머니 댁에 간다고요. 다른 친구들은 미국도 가고 제주도도 간다는데, 해운대라도 가요."
내일은 해가 서쪽에서 뜰지도 몰라요.
할머니라면 자다가도 벌떡 일어나는 오빠 입에서 저런 말이 나오다니…….
"어이구, 예쁜 내 새끼!"
할머니는 오빠만 보면 입을 함박 벌리고 웃어요.
오빠 엉덩이를 톡톡 두드린 뒤 나 몰래 슬쩍 용돈을 주기도 해요.
물론 할머니가 나를 미워한다는 뜻은 아니에요.
"할머니 생신이 휴가 때라 어쩔 수 없단다."
엄마는 아빠 눈치를 보며 한숨을 쉬었어요.
"잘 됐지 뭐냐? 할머니 생신도 해 드리고 일도 거들고."

운전을 하는 엄마 옆에서 아빠가 눈치 없이 웃었어요.

"할머니가 우리를 얼마나 기다리는지 몰라서 그래?"

"알아요. 할머니 혼자 힘으로 하기엔 농사일이 너무 많다는 거 잘 안다고요."

그러면서 오빠가 또 투덜거렸어요.

어느새 우리는 할머니 댁에 도착했어요.

"어서 와!"

할머니가 반갑게 맞았어요. 복실이도 꼬리를 흔들며 반겼어요.

"할 일이 태산이다."

점심을 먹자마자 아빠 엄마는 종종걸음 치는 할머니를 따라 나갔어요.

오빠는 할머니 방에서 휴대폰으로 게임을 하고 나는 복실이와 장난을 치며 놀았어요.

마당을 헤집는 닭도 따라다니고, 옆집 개 울음소리도 흉내 냈어요.

그러다 시들해져 흙 묻은 손을 씻고 방으로 들어갔어요.

휴대폰 게임을 하는 오빠 옆에서 공기놀이를 하려고요.

가방에 넣어온 공기알 다섯 개를 꺼냈어요.

문방구에서 예쁜 색깔로 골라서 산 거예요.

한 알 따먹기, 두 알 따먹기는 잘 되는데 세 알 따먹기부터는 어려

워요.

"공기 한 번 놀아 볼까."

게임을 하던 오빠가 나를 보더니 말했어요.

오빠와 공기놀이를 시작했어요.

"20점을 먼저 따는 사람이 이기는 거다."

"20점은 나한테 하늘의 별 따기야."

"그건 나도 마찬가지야."

공기놀이 시작도 하기 전에 오빠와 입씨름을 벌였어요.

오빠도 나처럼 공기알 다섯 개를 손등에 올려 채어 잡는 게 제일 어렵대요.

오빠는 연습 시간을 좀 가져야 한다며 공기를 손등에 올렸어요.

"뭐 하고 있었냐?"

"공기놀이요."

얼굴이 빨갛게 익은 할머니가 오빠 손등에 올라간 공기알을 쳐다봤어요.

"우리 어릴 때는 동글동글한 작은 돌로 공기놀이했는데, 세상 좋아졌다."

할머니는 공기알을 들고 요리조리 살폈어요.

"예뻐서 갖고 놀기 딱 좋겠다!"

할머니는 공기알에서 눈을 떼지 못했어요.

"할머니 공기놀이할 줄 아세요?"

"어떻게 하는 거냐?"

오빠가 공기알 따먹기 시범을 보였어요.

"우리 때 하고 별로 변한 건 없구나."

할머니가 공기알을 잡더니 하늘 높이 올렸어요.

"우와!"

손등에 올린 공기 알 다섯 개를 잡아채는 것도 아주 쉽게 해냈어요.

"내가 항상 공기놀이에서 점수를 제일 많이 냈었지."

할머니가 의기양양하게 말했어요.

● 이 놀이는요

공기놀이는 여자아이들이 즐겨하던 놀이입니다. 아주 오래전부터 우리나라에서 행해진 놀이지만 그 유래는 정확하게 알려져 있지 않아요. 아이들은 공깃돌을 갖고 와서 한 알 집기, 두 알 집기, 세 알 집기, 고추장 찍기, 꺾기 등 다양한 공기놀이를 하느라 저녁 밥 먹는 시간도 잊곤 했지요.

● 놀이 방법

공기 수에 따라, 또 지방에 따라 놀이 방법이 다양해요. 그중에서 가장 대표적인 것이 보통 나이 먹기라고 부르는 다섯 알 공기놀이 방법이에요. 이 놀이는 글자 그대로 공기알 다섯 개를 바닥에 흩뜨리고 노는 방법입니다. 우선 두 편으로 나누어 나이 먹기(30살 혹은 100살) 내기를 미리 정해 놓습니다. 그런 후에 한 알 집기, 두 알 집기, 세 알 집기, 네 알 집기, 고추장 찍기, 꺾기의 순서대로 해요.

한알 집기는 흩어진 다섯 개의 알 중에 한 알을 공중에 던지고 차례차례 바닥의 네 알을 집어 받는 방식이지요. 바닥의 알을 몇 개 집어 받느냐에 따라 두 알 집기, 세 알 집기, 네 알 집기로 발전해 갑니다.

고추장 찍기는 공깃돌을 모두 손에 쥔 다음 한 알을 위로 던지고 얼른 검지로 고추장을 찍듯 바닥을 찍고 던진 알을 받는 놀이예요. 꺽기는

다섯 알을 위로 던져 손등으로 받은 후, 다시 위로 던져 손바닥으로 잡아채는 방식입니다.

차전놀이

태조 왕건이 후삼국을 통일하고
고려를 세우기 전 이야기 아니?
견훤에게 대패한 왕건이 안동 지방으로 달아났대
병사들도 사기가 뚝 떨어졌지
왕건은 안동 성주 김선평 장군에게 도움을 요청했지
김선평은 권행, 장길 장군과 대책 회의를 했지
견훤이 매일 밤 물웅덩이에서 목욕을 한다는 소문을 들었지
아주 독한 술로 견훤 병사들을 몸 가누지 못하게 하고
흰여울 물웅덩이에 소금을 잔뜩 끼얹었대
그다음 이야기, 어떻게 되었을지 말 안 해도 알겠지?
고려왕조 승리를 기념하는 큰 잔치 유래가
바로 차전놀이야

● **순우리말 공부**

흰여울=물이 맑고 깨끗한

영원한 대장

　차전놀이는 정월 대보름에 하는 놀이로 동채라는 기구를 만들어 양 편으로 갈라져 밀어붙여 승패를 겨루는 경기예요.
　아직 대보름이 되려면 몇 달이 남았지만 서 영감은 동채에 쓸 나무를 구하기 위해 동네 이장과 길을 떠나 강원도 산속으로 왔어요. 20~30척이나 되는 나무를 가까운 이웃 마을에서는 구할 수가 없었거든요.
　"대장님, 좀 천천히 가시지요."
　마흔둘의 김 이장은 일흔다섯 된 서 영감의 걸음을 따라잡지 못해 혀를 내둘렀어요.
　"대장님, 혹시 백 년 된 산삼을 혼자 몰래 드신 건 아니지요?"
　김 이장이 땀을 뻘뻘 흘리며 서 영감 뒤를 따라 산을 오르며 말했어요.
　서 영감은 오래전 회화마을의 차전놀이에서 동채 대장이었어요. 동채란 굵은 참나무 두 대를 지겟다리 모양으로 얽고 머리 쪽에 대장이 올라탈 수 있는 방석을 만들어 단 것을 말해요.
　서 영감은 회화마을에서 가장 오랫동안 동채 대장을 했고, 한 번도

싸움에서 진 적이 없었어요. 그래서 마을 사람들은 아직도 서 영감을 대장이라 부른답니다.

"대장님, 가장 힘들게 이겼을 때가 언젠가요?"

김 이장이 오르막길에서 다리쉼을 하며 물었어요.

"흠, 그거야. 용두마을 최 대장하고 겨룰 때였지."

"우리 아버님도 그 이야기를 종종하시던데요."

서 영감은 몇십 년이 지났지만 아직도 선명하게 기억났어요.

"자 싸움이 시작되었다."

평평하게 누워 있던 동채가 서서히 몸을 세웠어요. 서 영감은 동채 머리에 매인 고삐를 왼손으로 단단하게 쥔 채 오른손을 내저어 지휘를 했어요.

"자네들이 나설 차례네."

서 영감은 동채를 매지 않은 장정들에게 몸싸움을 하라는 명령을 내렸어요.

장정들은 앞쪽에 진을 치고 있다가 상대편에게 몸싸움을 벌여 동채가 앞으로 나갈 수 있도록 도와야 하거든요.

"조금만 더 힘을 내 봅시다."

최 대장도 만만찮게 소리 질렀어요.

"절대 질 수 없습니다!"

상대방 동채 앞머리를 땅에 닿게 하거나, 상대방 대장을 끌어내리거나, 자기편 동채 앞머리가 상대편보다 높이 올라가야 이겨요.

그날 용두마을 최 대장과의 싸움은 막상막하였어요. 이긴 마을도 진 마을도 한 점 후회 없는 멋진 경기였지요.

"다시 그런 싸움은 보기 어려울 거야!"

서 영감이 벌떡 일어나 산길을 오르기 시작합니다.

"대장님, 그 옛날 안동 지주들이 왕건을 돕지 않고 견훤을 도왔다면 어떻게 되었을까요?"

"흠, 안동 성주들이 다 된 밥에 재를 뿌린 격이지. 안 그랬다면 백제가 삼국을 통일했겠지. 차전놀이가 민속놀이로 전해지지도 않았을 테고."

김 이장은 견훤이 후삼국의 통일을 이루었다면 지금 우리나라는 어떤 모습일까 생각하며 휘적휘적 서 영감 뒤를 따라 산을 올랐어요.

● **속담 공부**

다 된 밥에 재 뿌리기=힘들여 이룩한 일을 망친다는 말.

● 이 놀이는요

차전놀이는 경북 안동 지방에서 전해져 오는 단체 놀이로 일명 동채싸움이라고도 해요. 차전놀이는 한 팀에 수백 명이 힘을 합쳐 상대방과 겨루어야 하므로 협동심이 유난히 강조되는 놀이이기도 해요.

● 놀이 방법

상대편을 힘으로 밀어내거나 동채를 땅에 떨어뜨려야 이기는 놀이로 예로부터 남성들이 많이 즐겼어요. 너무 격렬하게만 하지 않는다면 초등학생도 각각 약 200명씩 팀을 나누어 즐길 수 있습니다.

남편을 살린 널뛰기

옛날 아주 나쁜 원님이 살았대
세금을 배로 매기어 내지 않으면
감옥에다 가두었대
어떤 아낙도 남편이 옥에 갇히자
옥문 밑에서 서성였대
서방님 얼굴 한번 보려고 하다
친구를 만났지
두 사람은 가마니와 널빤지를 놓고
휑하니 널을 뛰었지
기이한 장면에 구경꾼이 몰려들었지
그중에 암행어사도 있었대

● **순우리말 공부**

휑하니=주저하거나 거침없이

널뛰기

옛날, 어느 고을에 있었던 이야기야.

가을걷이가 한창이던 때, 뚱뚱보 고을 원님이 나타났어.

원님은 가마를 타고 다니는데도 이마에 땀이 줄줄 흘렀어.

"귀신은 저 인간 안 잡아가고 뭐하는지 몰라."

고을 사람들은 원님 뒤에서 수군댔지.

원님이 이 마을에 처음 왔을 때는 고을 사람들도 기쁜 마음으로 맞았어.

"원님 덕에 나팔 불게 생겼어."

원님은 얼굴이 순하게 생겨 단번에 고을 사람들의 마음을 사로잡았지.

하지만 원님의 본색은 며칠 지나지 않아 드러났어.

원님은 생긴 것과는 다르게 욕심이 많고 표독스러웠어.

"이 집도 세금을 두 배로 올려라."

원님은 집집마다 찾아다니며 지난번 원님보다 세금을 두 배로 매기며 닦달을 했어.

"아버지가 아파도 약 한 첩 쓸 수 없는 형편입니다요. 세금을 두 배로 내라는 건 너무 합니다요."

장에 나무를 해다 파는 나무꾼 정 씨가 원님에게 사정을 했어.

정 씨는 아무리 부지런히 움직여도 여섯 식구 끼니도 잇기 어려웠어.

그래서 요즘은 돈 되는 일이라면 무엇이든 했어.

"세금을 못 내면 곤장을 맞고 옥에 갇히는 수밖에……."

결국 정 씨는 세금을 내지 못해 옥에 갇히게 되었어.

정 씨의 아내는 남편이 걱정되어 잠을 이룰 수가 없었지.

남편의 얼굴이라도 한번 봤으면 하고 날마다 옥문 앞을 서성거렸어.

그러다 어떤 처녀가 그네를 뛰다 담 밖을 지나는 총각과 눈이 맞았다는 이야기가 생각났어.

"그네는 못 매니 널을 뛰면 되겠어."

정 씨의 아내가 널빤지와 가마니를 챙겨 옥문 앞에 섰을 때야.

정 씨의 아내처럼 널빤지와 가마니를 챙겨 든 아낙이 또 한 명 나타났어.

"옥분아!"

"인숙아!"

두 아낙은 어릴 적 친구였어.

두 친구는 남편의 얼굴을 보기 위해 날마다 옥문 앞에서 널을 뛰었어.

이 소문이 암행어사 귀에 들어갔어. 물론 세금을 두 배로 받는 원

님 이야기도 듣게 되었지.

그래서 어떻게 되었냐고?

네가 생각하는 그대로야. 꼬리가 길면 밟히는 법이거든.

● **속담 공부**

꼬리가 길면 밟힌다.=옳지 못한 일을 오래 하면 반드시 탄로가 난다는 뜻.

● 이 놀이는요

음력 정월 초, 5월 단오, 8월 한가위 등 큰 명절 때 부녀자들이 즐기는 놀이예요.

● 놀이 유래

도판희(跳板戱)라고도 해요. 널빤지 한복판의 밑을 괴어 중심을 잡은 다음, 양쪽 끝에 한 사람씩 올라서서 뛰어올랐다가 발을 구르면 상대방은 그 반동으로 뛰어올라요. 이렇게 번갈아 두 사람이 뛰어올랐다가 발을 굴렀다 하는 놀이입니다. 전설에 따르면, 높은 담장 저편에 갇혀 있는 옥중의 남편을 보려는 아내가 다른 죄인의 아내를 꾀어 둘이서 널뛰기를 하면서 그리운 남편의 얼굴을 보았대요. 항상 울안에만 있던 여인들에게 즐거운 놀이였어요.

썰매타기

해뜰참 집에서 보니
강이 얼었는지
아이들이 썰매를 탄다

작년 겨울 아빠가 만들어 준
썰매를 찾아
강으로 뛰었다

얼음이 두껍게 얼었다
신나는 썰매 타기 시간이
돌아왔다

● 순우리말 공부

해뜰참=해가 돋을 무렵

흰 눈 사이로 썰매를 타고

쌩쌩 찬바람 부는 겨울이에요.

유원이와 지안이는 지금 학원에서 오는 길이지요.

방학이지만 학원은 방학이 없잖아요.

돌아오자마자 유원이와 지안이는 냇가로 달려가 냇물이 얼었는지 보려고 돌을 던졌어요.

"퐁."

돌이 살얼음을 깨고 사라졌어요.

다음 날도, 그다음 날도 두 아이는 학원 수업이 끝나면 냇가로 달려갔어요.

"어제 텔레비전에서 한강물이 얼었다고 했으니 오늘은 냇물이 틀림없이 얼었을 거야."

지안이가 힘차게 돌을 던졌어요.

"툭."

돌이 얼음 위에 떨어졌어요.

"얏호, 드디어 냇물이 꽁꽁 얼었어!"

둘은 안고 빙글빙글 돌았어요.

"네 썰매 타고 놀자."

유원이가 지안이를 보며 말했어요.

"뭐? 그럼 너도 썰매가 없다는 거야?"

지안이가 소리쳤어요.

"우리 아빠가 위험하다고 안 된대."

"우리 아빠도 그랬는데……."

유원이와 지안이는 금세 풀이 죽었어요.

썰매를 타는 일은 물거품이 되고 말았어요.

"냇물이 얼면 뭐 하냐고?"

"썰매가 없는데……."

둘은 힘없이 투덜거렸어요.

"어떻게 하면 썰매를 탈 수 있을까?"

유원이가 한숨을 내쉬었어요.

"아빠들은 절대 썰매를 만들어 주지 않을 텐데 말이야."

지안이도 한숨을 내쉬었어요.

"아빠의 아빠는 썰매를 만들어 줄 수도 있어!"

유원이가 환하게 웃으며 말했어요.

"그래, 우리 할아버지한테 부탁해 보자."

"뭘 부탁한다는 거냐?"

두 아이의 뒤에 유원이 할아버지가 나타났어요.

"할아버지!"

"나한테 무슨 부탁을 하겠다는 거냐?"

"썰매 두 개 만들어 주시면 안 돼요? 아니면 한 개라도요."

유원이와 지안이는 썰매를 타고 싶어 냇물이 얼었는지 날마다 와 보았다는 이야기를 할아버지께 했어요.

"비료포대나 세숫대야 말고, 아빠가 어렸을 때 탔던 그 썰매요."

두 아이의 이야기를 듣고 할아버지가 고개를 끄덕였어요.

"썰매 만들어 주면 마을 저수지에서 탈까 봐 아비가 걱정돼서 그러는 거란다. 집 앞 냇가에서만 탄다면 아비도 반대 않을 거다."

"약속 지킬게요. 꼭 냇가에서만 탈게요. 저수지는 무서워서 여름에도 잘 안 가요."

"쓱싹쓱싹."

마침내 할아버지께서 썰매를 만들 나무를 잘랐어요. 굵은 철사도 옆에 보입니다.

"솜씨 좀 발휘해 볼까! 그까짓 썰매 두 개쯤이야, 누워서 떡먹기지."

할아버지가 썰매를 만들기 시작하자 아빠들도 거들었어요.

금세 썰매 두 개가 완성되었어요.
"흰 눈 사이로 썰매를 타고~."
썰매를 타며 노래를 부르는 아이들 머리 위로 꽃송이 같은 눈이 내려옵니다.

● 이 놀이는요

썰매 타기는 겨울철 빙판 위에서 하던 놀이예요. 추운 겨울, 썰매를 가지고 나간 아이들은 하루 종일 빙판 위에서 뒹굴고 놀았어요.

● 만드는 방법

썰매에는 여러 종류가 있어요. 날이 하나밖에 없는 외발 썰매, 날이 두 개인 앉은뱅이 썰매, 발로 조정하며 나아갈 수 있게 만든 발조정 썰매, 끈을 묶어 끌고 다니는 끄는 썰매 등이 있어요. 먼저 가로 35cm, 세로 40cm, 높이 10cm 정도 되는 판자를 준비해요. 판자 양쪽에 알맞은 크기의 각목을 댄 후, 금속판이나 굵은 철사를 댑니다. 썰매가 만들어졌으면 썰매 꼬챙이를 만들어야 해요. 썰매 꼬챙이는 앉은키 정도 되는 원통형 막대기에 굵은 못을 거꾸로 박으면 돼요.

친구가 필요한 비석치기

서준이가 감나무를
뱅글뱅글 도네

"너무 해. 너무 하다고!"
횃대비 같은 눈물 뚝뚝 흘리네

이 할미가 놀아줄까?
할머니가
비석치기 놀이 제안했지

"친구야 놀자!"
비석치기 놀이에 친구가 더 필요하다는 얘기 듣자마자
다다다닥
달려가며 소리쳤지

● **순우리말 공부**

헷대비=굵게 좍좍 쏟아지는 빗줄기.

친구야 노올자

　서준이가 똥 마려운 강아지 마냥 감나무를 뱅글뱅글 도네요.
　"너무해. 너무 하다고!"
　서준이 울음보가 터질 듯해요. 게임기를 조금 전에 엄마한테 뺏겼거든요.
　"어쩌냐? 약속한 대로 30분만 했으면 됐을 텐데."
　엄마한테 서준이가 게임을 많이 한다고 일러바친 소율이가 말했어요.
　소율이는 서준이보다 한 해 먼저 태어났지만, 몇 살은 더 먹은 것처럼 똑똑하고 야무져요.
　서준이는 약속 시간 조금 어겼다고 게임기를 빼앗긴 게 너무 억울했어요.
　서준이가 기어이 눈물을 뚝뚝 흘리네요.
　"저런, 울면 어째!"
　할머니가 달려와 서준이를 다독였어요.
　"할머니가 놀아줄까?"
　"……."

서준이는 눈물이 그렁한 채 할머니를 쳐다봤어요.

"따라오너라."

할머니가 씩씩하게 대문을 나섰어요.

서준이는 할머니가 어떻게 놀아준다는 건지 궁금해서 할머니를 따라갔어요.

"비석치기라고 들어봤냐?"

서준이가 고개를 저었어요.

"할머니가 너만 했을 때 하던 놀이란다. 친구가 몇 명 더 있으면 좋을 텐데……."

"할머니 잠깐만요."

비석치기 놀이에 친구가 더 필요하다는 말에 서준이가 신나게 달음박질쳤어요.

다른 건 몰라도 서준이는 친구가 진짜 많아요.

같은 반 친구들은 물론이고 비둘기, 까치, 심지어 개미까지요.

서준이가 "친구야 놀자!"하고 소리치면 금방 친구들이 와르르 몰려들 거예요.

서준이가 친구들을 데려올 동안 할머니는 뒷짐을 지고 하늘을 봤어요.

매미들이 마을 회관 앞 느티나무에서 혼을 쏙 뺄 만큼 울어댔어요.

"아무것도 한 게 없는데, 벌써 여름도 다 갔네. 세월 정말 빠르다!"

할머니가 길게 한숨을 내쉬었어요.

"할머니!"

서준이가 친구 넷을 데려왔어요.

"됐다, 나랑 냇가에 좀 같이 가자."

"냇가에는 왜요?"

"거기 가야 비석치기 할 재료를 구하지."

"예에?"

서준이가 눈을 동그랗게 떴어요.

"하하, 따라와 보면 알아."

냇가에 도착한 할머니가 손바닥만 한 돌을 주워 들었어요.

"이 돌처럼 바닥에 세울 수 있는 네모난 돌을 찾아보렴. 한 사람 앞에 한 개면 돼."

"비석치기는 돌로 하는 놀이인가 봐."

서준이가 친구들한테 말했어요.

"돌이 너무 얇고 가벼우면 상대편 돌한테 금방 넘어가고, 돌이 너무 크면 들고 다니기 무거워서 안 된단다."

할머니는 돌을 주워든 아이들을 데리고 마당 감나무 그늘로 갔어요.

할머니가 먼저 시범을 보였어요.

머리에 돌을 올리고 걸어가서 상대편 돌을 맞추었어요.

"와! 옛날 실력이 아직 살아 있네."

할머니가 넘어간 돌을 보며 활짝 웃었어요.

"상대편 돌이 모두 넘어가면 이기는 거란다. 쉬워 보여도 어려울 거야."

"할머니는 머리에 돌을 올리고 갔다만 너희들은 어디에 올리고 갈지 생각해 보렴. 배에 올리고 가기, 겨드랑이 끼고 가기, 발등에 올리고 가기 등 다양한 방법들이 있으니까."

서준이 엄마가 나오더니 빙긋 웃으며 말했어요.

"자, 이제 너희들끼리 편을 짜서 하면 되겠지?"

할머니가 말했어요.

"할머니 빠지면 한 명 모자라니까, 내가 들어갈게."

마루에서 느긋하게 구경하던 소율이가 나섰어요.

"그럼, 편 가르기부터 하자."

마당 감나무는 오랜만에 왁자한 아이들 소리에 몸이 간질거렸어요.

이 놀이는요

일정한 거리에서 손바닥만 한 작은 돌을 발로 차거나 던져서 상대의 비석을 쓰러뜨리는 놀이예요. 주로 봄과 가을에 초등학교에 다니는 어린이들 사이에서 널리 행하는 놀이예요. 지역에 따라 비석까기, 망깨까기, 돌차기, 돌맞추기, 말차기, 강치기 등 다양한 이름으로 불러요.

놀이 유래

예전에 권력층이나 부유층들은 자기의 업적을 기리기 위해 비석을 세웠어요. 그것이 서민의 눈에는 곱게 보일 리 없었어요. 서민들은 그 앞을 지나갈 때 비석을 차면서 평소 쌓인 울분을 폭발시켰다고 해요. 이것이 점차 놀이화되어 어린이 놀이로 자리 잡게 되었다고 해요. 혹은 원시시대 돌을 던져 사냥을 하던 습관이 어린이 놀이가 되었다고도 말해요.

쥐불놀이

깡통에
불을 붙여 돌리자

휘익휘익
불이 그린 동그라미

하하 호호
큰소리로 웃으며
가리매 입고 놀았다는
아빠 어릴 적 이야기

● **순우리말 공부**

　가리매=실내에서 편히 입을 수 있게 만든 옷.

재희와 생쥐

　재희는 미술학원을 나오다 생쥐 한 마리와 눈이 딱 마주쳤어요.
　미술학원은 지하 1층에 있는데 생쥐는 유리문 뒤, 커다란 벤자민 나무 화분에 앉아 있었어요.
　생쥐는 재희에게 눈을 깜빡였어요.
　만화영화에 나오는 쥐는 귀여운데 눈앞에 나타난 쥐는 잿빛 털에 기다란 꼬리가 징그러웠어요.
　재희가 생쥐를 보고 못 본 척 등을 돌렸어요.
　"얘, 나 먹을 것 좀 줘!"
　생쥐가 먼저 말을 건넸어요.
　재희는 자기 얼굴을 꼬집었어요.
　혹시 꿈을 꾸고 있는 것은 아닐까 싶었거든요.
　"배고파 죽을 것 같아……."
　재희는 숨이 턱 막혔어요. 쥐가 말을 하다니요.
　재희는 잠깐 망설였어요.
　가방 속에 미술학원 선생님이 준 소보로빵이 있었어요.
　그런데 쥐는 사람에게 도움을 주는 동물이 아닌데, 하는 생각이 들었어요.

"겨우 도망쳤어. 쥐불놀이하는 사람들 때문에 얼마나 놀랐던지……."

생쥐가 몸을 부들부들 떨었어요.

재희는 생쥐에게 소보로빵을 줬어요.

누구보다 소보로빵을 좋아하지만 몸을 떠는 생쥐가 어쩐지 불쌍했어요.

재희는 학원 화장실로 쪼르르 달려가 빵 봉지에 물을 담아왔어요.

빵만 먹으면 목이 마를 것 같았기 때문이지요.

"천천히 먹어. 여기 물도 떠 왔어."

재희가 생쥐에게 처음 말을 건넸어요.

"고마워."

생쥐가 순식간에 빵을 먹어 치운 뒤 봉지에 담긴 물도 꼴깍꼴깍 마셨어요.

"그런데 쥐불놀이라는 게 뭐야?"

재희는 쥐불놀이가 뭔지 궁금했어요.

"끔찍해서 말하고 싶지 않은데……."

생쥐가 도리질을 쳤어요.

"그래, 네가 말하기 싫다면 할 수 없고. 이젠 집에 가야 해."

재희가 뒤돌아섰어요.

"잠깐, 조금만 더 있다 가면 안 돼?"

생쥐가 사정했어요.

"쥐불놀이는 말이야. 사람들한테는 놀이지만 우리한테는 죽음의 공포를 느끼게 하는 것이거든."

"그렇구나!"

생쥐의 말에 재희가 맞장구를 친 뒤 말했어요.

"솔직히 말해서 쥐들이 사람들한테 도움 주는 동물은 아니잖아. 병 옮기지, 나무기둥 갉아먹지, 곡식들 먹어치우지……."

"무슨 소리야. 사람들을 위해 이런저런 실험을 하다 죽어가는 쥐들이 얼마나 많은데?"

"하긴, 그 말도 맞다."

재희가 고개를 끄덕였어요.

"쥐불놀이는 사람들이 1년 내내 병에 안 걸리고, 재앙을 피하며, 풍년 들기를 바라며 했던 놀이야. 논두렁, 밭두렁의 마른풀에 불을 놓아 해충 알을 없애려는 거야. 쥐도 얼씬 못하게 하고. 풀을 태운 재는 좋은 비료로 쓸 수도 있어."

생쥐가 담담하게 설명해 주었어요.

"그렇구나. 무서웠겠다."

재희가 고개를 끄덕였어요.

"쥐불을 놓았다가 잘못되어서 산불이 나거나 동물을 태우기도 해. 요즈음 쥐불놀이는 대부분 깡통에 불을 넣어 돌려. 그래도 얼마나 무서운지 몰라."

생쥐 말을 듣던 재희가 눈을 꼭 감았어요. 무서운 쥐불놀이 이야기는 더 듣고 싶지 않았어요.

"안녕! 엄마가 걱정하겠어. 난 이제 집에 가야 해."

재희가 생쥐에게 손을 흔들었어요.

"잘 가! 덕분에 힘이 생겼어."

생쥐도 재희에게 고개를 까딱거리며 인사를 했어요.

● **이 놀이는요**

정월 대보름에 논이나 밭의 둑에 불을 지르며 노는 놀이예요. 단순히 즐거움을 찾기 위한 것이 아니라, 논밭을 쥐와 병충해로부터 보호하기 위해 했던 놀이예요.

● **놀이 유래**

『동국세기』에 의하면 음력 정월 초열흘, 즉 쥐날에, 마을에서 콩을 볶으면서 "쥐 주둥이 지진다, 쥐 주둥이 지진다."는 주문을 외우고, 횃불을 사른 것에서 유래했다고 해요. 요즘은 화재 예방을 위해 쥐불을 놓지 못하게 하고 농약이 개발되어 병해충을 구제하므로 쥐불놀이는 차츰 사라져 가고 있어요.

투호놀이

투호놀이하려고 줄 섰지

참샘이와 아빠 한 편
나랑 엄마 한 편

청색 화살은 참솔이 팀
홍색 화살은 우리 팀

"맺음새로 이기는 팀 소원 세 가지 들어주기, 어때?"

잘 던져!
아빠가 파이팅 외쳤다
툭!
제발 들어가기를

● 순우리말 공부

맺음새=일 따위를 마무르는 모양새.

엄마의 세 가지 소원

참솔이네는 일찍 차례를 지낸 뒤 서둘러 경주로 갔어요.

울산 할아버지 댁에 올 때마다 가까운 경주에 들러 이곳저곳을 구경하거든요.

오늘 들린 곳은 박물관이었어요.

박물관 마당에 참솔이 또래로 보이는 아이가 항아리에 화살 던지기를 하고 있었어요.

"엄마, 저 아이, 뭐 하는 거야?"

"응, 저건 투호놀이를 하고 있는 거란다."

참솔이도 차례를 기다려 투호놀이를 하기로 했어요.

화살을 던져 항아리에 꼭 넣어보고 싶었어요.

"투호놀이는 편을 갈라서 해야 더 재밌는데……."

엄마가 따로 떨어져 우두커니 서 있는 아빠에게 말했어요.

아빠는 하기 싫다는 듯 고개를 저었어요.

"참샘이와 아빠랑 한 편, 난 엄마하고 한 편."

참솔이가 아빠 손을 잡아당겼어요.

아빠는 어쩔 수 없이 줄을 섰어요.

"우리는 청색 화살."

참솔이가 청색 화살을 쥐었어요.

"그럼, 우리는 홍색 화살."

참샘이도 홍색 화살을 아빠에게 쥐어준 뒤 옷소매를 걷어 올렸어요.

"지는 팀이 소원 세 가지 들어주기, 어때?"

참솔이가 아빠와 참샘이를 보며 말했어요.

"그래, 그러자."

아빠가 고개를 끄덕였어요.

"엄마 소원 세 가지는 뭐야?"

참솔이가 물었어요.

"참샘이가 아침에 깨우지 않아도 일어나는 것, 아빠는 매일 30분 이상 운동하고, 일주일에 한 번은 빨래 개어 주는 것."

그 말을 듣자 참샘이와 아빠의 얼굴 표정이 좋지 않았어요.

"하하, 우리 팀이 꼭 이겨야겠구나!"

아빠가 엄마를 보며 너털웃음을 지었어요.

참샘이와 아빠가 가위, 바위, 보에서 먼저 이겼어요.

"참샘아, 잘 던져!"

아빠가 파이팅을 외쳤어요.

"참솔아. 네 아빠 눈 반짝이는 거 좀 봐. 저런 모습 처음이지?"
참솔이가 적극적인 아빠 모습에 큭큭 웃음을 터뜨렸어요.
"우리 팀이 꼭 이겨야 해!"
엄마도 만만찮았어요.
"화살이 포물선을 그려야 잘 들어가."
엄마가 귓속말로 속삭였어요.
"예, 엄마. 알겠어요."
참솔이는 투호놀이에서 꼭 이겨 엄마의 세 가지 소원을 이루어 주고 싶었어요.

● **이 놀이는요**

편을 가르거나 개인 대항으로 놀이를 해요. 일정한 장소에 놓아둔 항아리를 향해 일정한 위치에서 화살을 던져 꽂히는 데 따라 득점이 정해져요. 던지는 위치는 놀이하는 사람들에 따라 달라져요.

● **놀이의 유래**

중국에서부터 시작된 것으로 추정해요. 조선 시대에는 왕이 경회루에서 투호 놀이를 하였다는 기록이 있어요. 왕실은 물론이고 양반 및 상층에서 크게 인기가 있었던 것으로 보이는데, 여성 오락으로서도 자주 행해졌어요.

이 책을 읽는 어린이들에게

친구들과 쉽게 친해지고,
몸과 마음도 건강해지는 민속놀이

요한 호이징하(1872~1945)는 '노는 인간' 또는 '놀이하는 인간'을 '호모 루덴스'라고 부르면서 문화는 그 자체가 놀이의 성격을 가지고 있다고 말한다. 그러면서 그는 사회의 질서를 잡아 주는 근원을 놀이 정신에서 찾는다.

사실 놀이는 재화를 만들어내지도 않으며 업적을 낳지도 않는다. 하지만 놀이를 통해 사람들은 많은 정신적인 교훈을 얻는다. 놀이에는 엄격한 규칙이 있으며 공평함과 순수함이 있기 때문이다. 어린이들은 놀이를 통해 자기 억제를 배우고 올바른 인간관계를 확대시켜 나갈 수 있다. 상대방을 신뢰할 수 있어야 함께 놀이를 할 수 있기 때문이다. 그러므로 놀이만큼 어린이를 신체적 정신적으로 성장시키는 것은 없을 것이다.

우리 민족은 다양하고 독특한 놀이 문화를 가꾸어 온 전형적인 '호모 루덴스'이다. 조상들은 일을 하면서, 여가를 즐기면서, 신앙 속에서 놀이를 했다. 민속놀이는 집단의 성격에 따라, 시기에 따라, 연령층에 따라, 성별에 따라, 인원에 따라 다양한 형태와 내용을 보여주었다. 이 책은 어린이도 참여할 수 있는 민속놀이를 선별하여 순우리말 동시와 동화로 소개한다. 그래서 어려운 놀이의 유래와 노는 방법을 쉽게 이해하고 자기 생활에 적용할 수 있다.

이 책에는 모두 14종류의 민속놀이가 담겨 있다. 친구들과 함께 이 책에 나오는 민속놀이를 하며 즐겁게 놀아보자. 서로 쉽게 친해지고, 몸과 마음도 건강해질 것이다. 열심히 놀아 민속놀이를 널리 전파하고 후대에 계승하는 주인공들이 되어 보자.

김숙분(아동문학가, 문학박사)